低い土地のくらし

岐阜県海津市・千葉県香取市

もくじ

低い土地へ
行ってみよう!

HOW TO USE

この本の使いかた

本文中に【➡P.22】【➡8巻】とある場合、関連する内容が別のページやほかの巻にあることを示しています。

グラフや表では、内訳をすべてたし合わせた値が合計の値にならないことがあります。また、パーセンテージの合計が100%にならない場合があります。これは数値を四捨五入したことによる誤差です。

データのランキングや生産量などは、数値が非公開となっている項目は入れずに作成している場合があります。

この本にでてくるマーク

コラム　読むとちょっとものしりになれるコラムを紹介しています。

　とりあげたテーマについて、くわしい人に話を聞いています。

三元豚* にくらべ　このマークがついている用語には役立つ情報を補足しています。

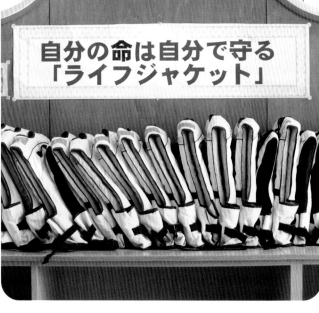

自分の命は自分で守る
「ライフジャケット」

北海道の気候

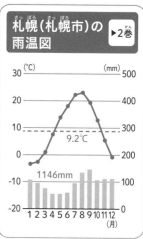

札幌(札幌市)の雨温図 ▶2巻

夏はすずしく、冬は寒さがきびしい気候です。ほかの地域にくらべると、梅雨や台風の影響をうけにくいため、1年の降水量は多くありません。日本の総面積の5分の1ほどを占める広さがあり、太平洋側、日本海側、オホーツク海側で気候がちがってきます。

9.2℃
1146mm

内陸の気候

周囲を標高が高い山にかこまれ、湿った風の影響を受けにくいため、降水量が少なくなります。また、海からはなれているので、夏と冬の気温差や昼と夜の気温差が大きいことが特徴です。

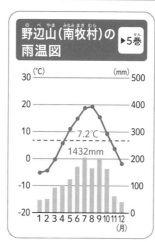

野辺山(南牧村)の雨温図 ▶5巻

7.2℃
1432mm

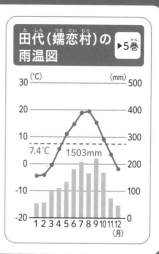

田代(嬬恋村)の雨温図 ▶5巻

7.4℃
1503mm

太平洋側の気候

夏に降水量が多く、冬は乾燥して晴天の日がつづくのが特色です。夏に南東からふく風は湿っているため、蒸し暑い日がつづきます。梅雨や台風の影響をうけやすい気候です。

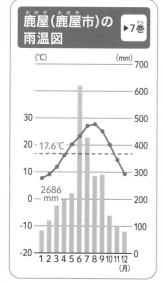

鹿屋(鹿屋市)の雨温図 ▶7巻

17.6℃
2686mm

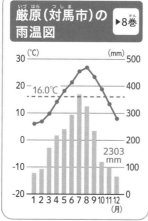

厳原(対馬市)の雨温図 ▶8巻

16.0℃
2303mm

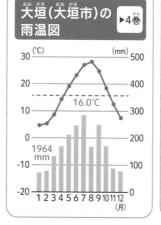

大垣(大垣市)の雨温図 ▶4巻

16.0℃
1964mm

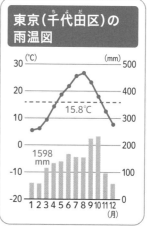

東京(千代田区)の雨温図

15.8℃
1598mm

はじめに

　左の写真を見て、何か気づくことはありますか？　自動車が家よりも高いところを走っている？　堤防を切りくずして道がとおっている？　これらの写真は、濃尾平野にある輪中の道路のようすです。この地域は、川が増水したときの水面よりも低い高さに土地があります。このような低い土地には、たとえば大きな川が平地で氾濫をくりかえしてきた氾濫平野や、海や湖を干あがらせた干拓地、同じく海や湖を人工的に埋めた埋立地などがあります。

　低い土地では一度洪水がおきてしまうととても大きな被害が出ます。そこに住む人たちは、洪水をいかに防ぐのか、さまざまなくふうをしています。氾濫平野では、川の流れる方向を整え、堤防を築き、水門をつくりました。これらを治水といいます。学校では水防訓練をしているところもありますし、大人たちは水防団を中心に、杭や土嚢などで堤防を補修する訓練をして、もしものときにそなえています。家のつくりも、水害を意識して、石垣の上にたてたり、家をかこむように木を植えたりしています。古い家には、軒下などに小舟をつりさげているものもあります。

　いっぽうで、身近にある豊富な水は、その土地の産業にも大きな影響をあたえてきました。上流の山地で切り出した良質な木材を川に流して運んだり、フナやウナギなどの漁や養殖が発達しました。平らな土地を利用して稲作もおこなわれていますが、稲刈りの時期には台風で洪水の危険が高まります。そこで、台風シーズンの前に刈りとり、新米としていち早く市場に出荷するところもあります。近年では、広く平らな地形を利用して、ハウス栽培もさかんです。

　水と戦い、水と生きる低い土地の生活の特徴を、この本でいっしょに学んでいきましょう。

國學院大學　山本健太

① 低い土地の気候と地形

日本の大きな川の下流部には、広大な低い土地が広がります。この低い土地はどうしてでき、そこで発達した輪中とはどんなものなのでしょうか。

低い土地はどこにある?

大きな川の下流の土地

日本は国土のおよそ73%は山地で、平地は4分の1ほどしかありません。なかでも川の下流地域や海に近いところは土地が低く、標高が海面よりも低い「ゼロメートル地帯」とよばれる場所もあります。

川の下流地域の低い土地は川が上流から運んできた土砂が川のまわりにたまってできた土地です。このため、土に山の豊かな栄養分がふくまれているので農作物がよく育ち、また船を使った交通に便利だという利点にめぐまれています。しかしそのいっぽうで、洪水などの水害にあいやすい危険もあります。日本の山はけわしく、雨が降れば水が一気に川を流れくだります。大量の水が平地に出て川が増水し、あふれやすくなるのです。

右の地図にあるように、日本の代表的な低い土地はみな大きな川の下流にあります。利点のおかげで町ができてさかえやすく、日本の三大都市である東京、名古屋(愛知県)、大阪も、低い土地に発展してきました。

この本では木曽三川下流地域と利根川下流地域という日本を代表する低い土地のなかから、それぞれ岐阜県海津市と千葉県香取市をとりあげます。

岐阜県海津市

筑後川下流地域

淀川下流地域と大阪湾沿岸

木曽三川下流地域

日本の代表的な低い土地

北海道では石狩川、本州では信濃川や利根川、荒川、木曽三川、淀川など、九州では筑後川といった大きな川の下流や、川が注ぐ海沿いに低い土地が広がっている。

低い土地の特徴を考えてみよう

石狩川
下流地域

信濃川
下流地域

千葉県香取市

利根川下流地域

荒川下流地域と
東京湾沿岸

▼ **木曽三川下流地域** 手前の川は長良川。奥が木曽川。住宅の2階の屋根より高いところを自動車が走っている。

▶ **香取市佐原地区の古い町並み**
利根川下流地域に栄えた町。利根川から町なかを流れる小野川をとおって、米などが運ばれていた。

7

低い土地はなぜできた?

川がつくりだす低い土地

　低い土地は多くの場合、川によってつくりだされます。山にある川ははやくはげしく山の岩や砂や泥を削りながら流れくだります。そこで運ばれた砂や泥は、山地から平野になって流れがゆるやかになると、川のまわりにたまっていきます。

　大雨が降ると川があふれて土砂が氾濫平野（下の図）にたまっていきます。何百年、何千年のあいだになんどもこのような氾濫がおきて、川のまわりには平らな低い土地が広がっていきます。

　川は海に流れこむと、土砂を運ぶ力がなくなるので、河口の周辺に土砂がたまって海がだんだん浅くなり、やがて陸地となって三角州とよばれる平らな低い土地をかたちづくります。

　いまから6000〜7000年ほど前には北アメリカ大陸やヨーロッパ大陸の北部をおおっていた氷がとけて海面が高くなり、世界中で海が内陸まで入りこみました。その後、こうしてできた入り江が、川が上流から運んでくる土砂で埋められて陸地となり、低い土地が広がっていきました。

川のまわりにできる地形

川の流れを見てみると、川がさまざまな地形をつくりだしていることがわかる。平野の上流域には扇状地、中流域には氾濫平野、下流域には三角州ができる。

◎国土地理院のウェブサイト「山から海へ川がつくる地形」から作成。

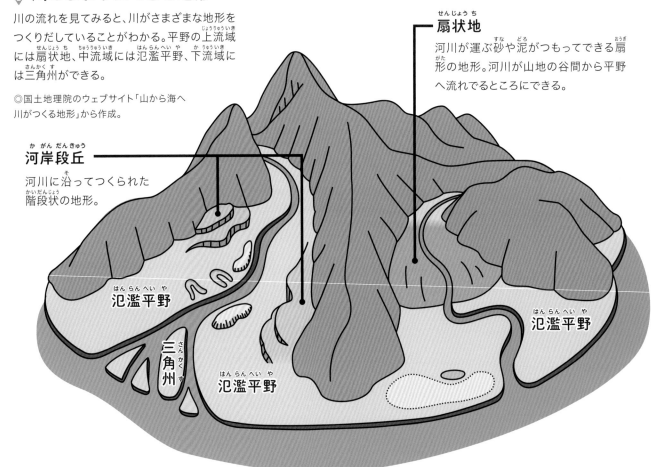

扇状地
河川が運ぶ砂や泥がつもってできる扇形の地形。河川が山地の谷間から平野へ流れでるところにできる。

河岸段丘
河川に沿ってつくられた階段状の地形。

氾濫平野

三角州

氾濫平野

氾濫平野

人がつくりだす低い土地

　低い土地は、人がつくりだすこともあります。何百年も前から、人は川の下流にある湿地や潮の満ち引きによって水に沈んだり現れたりする干潟、浅い海などを干拓や埋め立てで陸地に変えて、住む場所や農地にしてきました。湿地や干潟を堤防でかこんで内側の水を抜く「干拓」では秋田県の八郎潟や長崎県、佐賀県の諫早湾、大量の土や砂などをつみあげる「埋め立て」では東京湾などが代表的です。

　工業用水や農業用水として使うために地下水をくみあげすぎると、「地盤沈下」がおきて低い土地がさらに低くなることがあります。東京都の東部では1960年ごろから1970年ごろにかけてはげしい地盤沈下がおきました。その結果、墨田区、江戸川区、江東区などにまたがる地域が、ゼロメートル地帯になりました。地下水のくみあげが規制されると地盤沈下はおさまりましたが、沈下した土地はもとにもどらないので、洪水や高潮、津波による災害の危険がひじょうに高い地域になっています。

地下水のくみあげすぎで、大変なことになったんだね！

東京都のゼロメートル地帯

荒川の下流地域。海面の高さである0m（ゼロメートル）よりも低い土地が広がる地域。青色が濃いほど土地が低い。

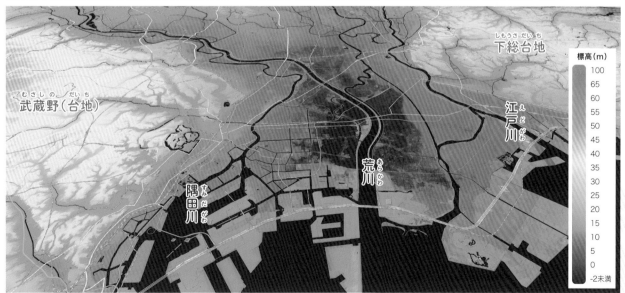

下総台地

武蔵野（台地）

隅田川

荒川

江戸川

標高(m)
100
65
60
55
50
45
40
35
30
25
20
15
10
5
0
-2未満

◎基盤地図情報数値標高モデル、国土地理院ベクトルタイルのデータを使用し作成。

水から家や水田を守る くふうとは？

濃尾平野で発達した輪中

低い土地は洪水に苦しめられますが、農業にも適していて舟の行き来もしやすく、古くから人が住みつきました。人々が洪水を防ぐためのくふうが、水田と集落のまわりを堤防でかこむ輪中です。

輪中は新潟県の信濃川と阿賀野川にはさまれた低い土地や、利根川下流の水郷地帯など日本の各地で見られますが、どこよりも発達したのが、現在の愛知県と岐阜県、三重県にまたがる濃尾平野の南西部です。ここには木曽三川とよばれる木曽川、長良川、揖斐川が並んで流れ、ひんぱんに洪水にみまわれました。時には川の流れが変わってしまうこともありました。

輪中のつくられかた

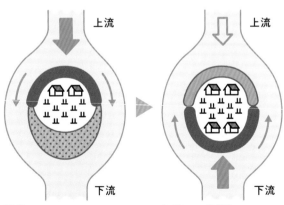

洪水から集落や田畑を守るために、上流側に堤防をつくった。

河口から逆流してくる海水を防ぐため、下流側もかこって輪中がつくられた。

堤防で完全にかこんだ輪中は、濃尾平野の南西部に1600年前後からつくられ、明治時代のなかごろには80もの輪中がありました。なかでも代表的なものが、高須輪中です。7つの小さな輪中をひとつにまとめ、外側を強固な堤防でかこってつくられました。

7つの輪中がひとつになった高須輪中

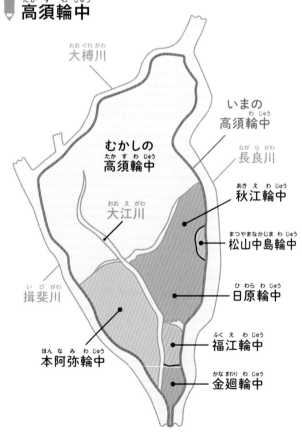

いくつかの輪中をあわせて、全体を堤で守るようにしたものを複合輪中という。いまの高須輪中も7つの輪中が集まってできた。

◎『伸びゆく輪中』（海津市教育委員会編、海津市、2009）から作成。輪中の範囲（境界）には諸説ある。

3本の川にはさまれた高須輪中

高須輪中のなかには、0m（ゼロメートル）前後の低い土地があることがわかる。

養老山地
高須輪中
木曽川
長良川
揖斐川

標高（m）
1000
600
300
200
100
50
10
0
-0
-2

◎基盤地図情報数値標高モデル、国土地理院ベクトルタイルのデータを使用し作成。

水害につながる台風と梅雨

　川に対して雨や雪どけ水が注ぎこむ範囲を流域といいます。木曽三川の流域面積は広く、上流で降った雨が集まると下流で増水しやすいという特徴がありました。

　また、海津市や大垣市など木曽三川下流地域の都市の気候は梅雨と台風の時期に雨の多い「太平洋側の気候」ですが、東京とくらべてみるととくに6月〜7月下旬の梅雨の時期はおよそ1.6倍と多くなっています。

　梅雨前線が日本列島に停滞し、あたたかくしめった南西風が太平洋から流れこんで海津市の西側にそびえる養老山地や鈴鹿山脈にあたると、上昇気流が発生し、せまい範囲に連続して雨雲が発達することになります。その結果、降水量がひじょうに多くなり、これも水害の原因のひとつになりました。

大垣（大垣市）と東京（千代田区）の月平均気温と月別降水量

◎気象庁の発表した平年値（1991年〜2020年の平均値）から作成。海津市は非観測地点のため、海津市役所にもっとも近い気象庁の観測地点である、大垣地域気象観測所（岐阜県大垣市）のデータを使用した。

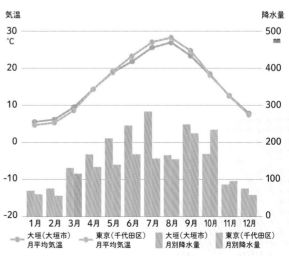

大垣（大垣市）月平均気温　東京（千代田区）月平均気温　大垣（大垣市）月別降水量　東京（千代田区）月別降水量

②低い土地の生きもの

ゆるやかに水が流れる川の岸辺やまわりの地域には、独特な環境ができあがっています。

木曽三川の下流にすむ生きものの特徴は？

ワンドに集まる鳥虫魚

川の下流では川がいったん増水して水がひいたあとの岸辺にワンドとよばれる池のような場所ができ、水際には背の高いヨシがはえて、いろいろな生きものがすむ豊かな環境がつくられます。とくに昆虫はトンボのなかま、鳥は水鳥を中心にたくさんの種類を見ることができます。

洪水を防ぐための護岸工事などでヨシが群生する場所（ヨシ原）やワンドは減っていますが、地域の人たちの手で環境を守り、ヨシ原などをもう一度つくるための活動もおこなわれています。

◀ヨシ イネのなかまの背の高い植物で、川や湖の水辺や、湿地にまとまってはえる。

▶タコノアシ 川の下流の湿地や沼などにはえる植物。30年ほど前から絶滅が心配されている。

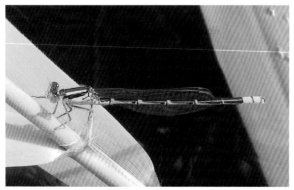

▲ムスジイトトンボ 背中の黒い筋が6か所あることからこの名でよばれるトンボの一種。オスはさわやかな青色が美しい。

▲ヤゴから羽化したばかりのナゴヤサナエ しばらくすると体は黒くなり、黄色い模様が出てくる。

▲ **ダイサギ** 首やくちばし、足が長く、全長は90cmほどのサギのなかま。川や湖、水田などで魚や昆虫を食べる。

▲ **イソシギ** 全長20cmほどのシギのなかま。川辺や池、海岸などで、昆虫や小魚を食べてくらす。尾を上下にふって歩くのが特徴。

▲ **カワウ** ウのなかまで、全長80cmほどの大型の水鳥。全身が黒く、体のほとんどを水に沈めて泳ぎ、木などに集団で巣をつくる。

▲ **オナガガモ** カモのなかまで、オス（左）はメスにくらべて2枚の尾羽が10cmほど長くのび、全長は70cmほどである。渡り鳥で本州では冬に見られる。

コラム

木曽三川の下流にすむめずらしい魚

開発などによって環境が変わったことで、どちらも数が減ってしまいました。絶滅が心配されていますが、行政や住民などの手によって保護の努力がつづけられています。

▲ **イタセンパラ** ワンドやため池などにすむタナゴの一種。国の天然記念物に指定されている。むかしは各地にたくさんいたが、いまは淀川や木曽三川の下流域、富山平野の限られた地域にしか残っていない。

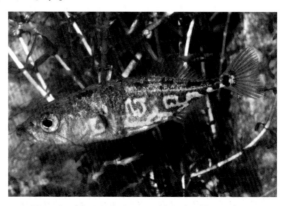

▲ **ハリヨ** トゲウオのなかまで、地下水が湧きだしている水がきれいな川にすむ。海津市では養老山地から揖斐川に注ぐ津屋川のハリヨ生息地が国の天然記念物になり、環境が守られている。

③低い土地のくらし

洪水に苦しめられてきた輪中。それでも人々はここに古くからくらしました。洪水から家を守るくふうや、水害を防ぐためのさまざまなとりくみを見てみましょう。

水からくらしを守る
家のくふうとは？

屋敷林 屋敷林は冬には北西からふく強い季節風から家を守った。洪水のとき流木などをよけるだけでなく、家から家財道具が流れてしまうのも防いだ。

水の流れに抵抗しないつくり

　輪中では川から水があふれる洪水だけでなく、内水氾濫もひんぱんにおきました。川が増水したことで輪中のなかに降った雨が川に流れなくなり、長いあいだ田や家が水につかる災害です。いまも高須輪中では、石垣の上にたつ家をたくさん見ることができます。水害のときに家が水につからずにすむように、土台を高くするむかしからの知恵です。

　むかしたてられた木造住宅には、家の西や東に面した側は壁を多くして、南と北の面は少ないつくりになっているものが多くあります。洪水のとき、水は上流である北から南へ流れます。床より上に水がおしよせたときにはふすまや障子をと

りはずして、水がとおりぬけるようにしていたのです。家のなかはよごれますが、家ごと流されるのを防ぐくふうでした。

　また、小さな舟を軒の下などにつりさげておき、まわりが水びたしになったときにおろして使いました。これを上げ舟といいます。家のまわりには、森のように木を植えました（屋敷林）。洪水のときに流木などをよけるためです。

▲ **上げ舟** 上げ舟は、軒先や土間などにつるすことが多かった。

洪水のなかでくらす知恵

　大きな農家や地主の家では、いつもくらす家よりもさらに高く石垣をつんで、水屋とよぶ小屋をたてました。なかに生活道具や米などが貯蔵してあります。浸水のあとは10日以上水が引かないこともあったので、そのあいだもくらせるようにたたみの部屋がある水屋もありました。

　水屋がない農民たちのために村や地区が共同でつくったり、地主が自分のところではたらく農民のためにつくったりした避難場所もあり、これらは助命壇とよばれています。

▲ **助命壇**　本阿弥新田という場所にいまも残る助命壇。地主がみんなのために、土もりをしてつくった避難場所。

▲ **水屋**　この家では、母屋が石垣をつんだ1.5mほど高い敷地にたっている。さらに石垣をつんだ上に水屋がある。

▼ **空からみた高須輪中**　揖斐川と長良川の堤防にかこまれている。いまは強力な排水機場があるが、むかしは洪水がおきると輪中のなかにたまった水は何週間も引かなかったそうだ。

揖斐川
長良川
木曽川

高須輪中の水害対策は？

忘れられがちな水害の記憶

　高須輪中では、いまでは道とあまり変わらない高さの土地にたつ家も少なくありません。木曽三川流域では毎年のように堤防の補強工事や、川底にたまった土や砂をとりのぞく工事がおこなわれ、もう60年以上大きな被害はおきていません。がんじょうな堤防に守られ、水害にあったことがある人も減って、家をたてるときに洪水にそなえるために土台を高くする人はあまりいなくなっているのです。

　土をもって石垣やコンクリートでまわりをかため、高い土地をつくるにはたくさんの費用がかかります。それもあって、先祖から受け継いだ石垣の上の土地に家をたてなおす場合や、洪水のおそろしさを知っている親や祖父母と同居する家をたてる場合以外は、低いままの土地にたてることも多いのだそうです。

　しかしいまも全国各地で水害はおきています。全国的な大手の住宅メーカーが、水が家のなかに入ってこないようにして、水害から家族やくらしを守る家を開発する、新しい動きも出てきました。

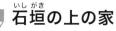 石垣の上の家

堤防のすぐ横にある、たててから50年ほどたつ家。下の道からは3mほど高いところに家がたっている。

▲ **石垣のいろいろ** 高須輪中で見かけたいろいろな石垣。

インタビュー

水害に負けない家を開発しました

株式会社一条工務店
耐水害住宅開発担当
黒田哲也 さん

　水害で床の上まできたない水につかると、もとにもどすまでに長い時間とお金がかかります。わたしたちがつくった耐水害住宅は、水を家のなかに入れないつくりになっています。床下の換気口や壁、ドアや窓も、水をとおさない水密性がひじょうに高く、排水管を伝わってトイレや台所のシンクから洪水や浸水の水が逆流してこないしくみもそなえています。

　そのうえで、家が浮きあがるのを防ぐ「流されない家」と、たっている場所の真上にそのまま船のように「浮く家」の2種類の住宅を開発しました。実験では流されない家は約1.3m、浮く家は約3mの水かさの浸水にたえました。水害が増えているなか、この家がみなさんのくらしを守ることを願っています。

（2023年1月取材）

▼**耐水害住宅実験**　大型降雨実験設備での実験のようす。手前は「浮く家」で、3mの水位にも耐えた。

石垣の上の家のほとんどは水に押しながされにくい、瓦屋根のがっしりしたつくりで、伝統的な日本の建築方法でたてられている。

とても頼もしいお家だね！

小学校では水害にそなえて どんな訓練や学習をしているの?

命を守る学校の設備

海津市の学校のなかで川にいちばん近い場所にたつ、西江小学校＊の例を見てみましょう。西江小学校の校舎や校庭は、揖斐川の堤防と隣り合っています。

西江小学校も60年以上水害にはあっていませんが、水害のおそれがなくなったわけではありません。万が一にそなえて児童と先生たちひとりひとりが使うライフジャケットを用意しています。校舎は洪水の危険があるときや地震のさいの避難所になっているので、4階の倉庫に水や非常食、発電機、ふとんや毛布、簡易トイレなどを保管しています。また、屋上にはヘ

◀ **ライフジャケット**
教室のすぐそばにあるホールに、ライフジャケットが置いてある。

▼ **レスキューポート**
小学校の屋上にはレスキューポートがある。

リコプターが人を助けたり物資をおろしたりできるレスキューポートがあります。

＊2024年度より西江小学校をふくむ海津市海津町地域の5つの小学校を統合した海津小学校が開校される。

総合的な学習の時間の授業風景 83歳のボランティアの人から水害の話を聞きます。

避難のしかたを考える

防災訓練は毎月おこないます。年に3回の「命を守る訓練」では、洪水や浸水を考えてライフジャケットをつけ、集合して3階へ避難します。そのほかの訓練ではライフジャケットの使いかたや、プールで洋服を着たまま水に浮く体験もします。

朝の活動の時間には、「防災ノート」を使って、水害や地震のときの危険や避難のしかたを考えます。家族とも、年に一度は家にいるときの危険や避難について話し合います。

4年生になると「総合的な学習の時間」を使って、水害からくらしを守ってきたくふうや地域の歴史を学びます。また、自分たちで調べ、考えながら地図に危険なところや避難の道すじを書きこんでいく学習もおこなっています。

防災学習と訓練に力を入れている西江小学校ですが、海津市では小学生の数が減ったことで、5つの学校をまとめて新しくひとつの学校をつくることになりました。揖斐川のそばの校舎で学ぶのは2023年度が最後ですが、新しい学校でも防災学習と訓練をおこなっていくことでしょう。

▲ **防災ノート** それぞれの小学校の避難経路にあわせた内容になっている防災ノート。

訓練では自分で考えてすばやく行動

海津市立西江小学校
4年生
小岩未宙 さん

避難訓練は、本番だと思って真剣にやることが大切です。先生の指示を待っているだけでは動くのがおそくなるので、自分で考えてすばやく行動することを心がけています。避難のことは家族でも話しあっていて、家にいるときは水が出てからだと避難の途中で流されてしまう危険があるので、早めに避難所に行こうといっています。

（2023年3月取材）

安全を守る人たちに感謝しています

海津市立西江小学校
4年生
太田瑚子 さん

木曽三川も、川にかこまれた海津も好きです。洪水の心配はありますが、堤防がしっかり守ってくれています。こんなに低い土地で安全にくらせているのは、むかしの人たちの努力のおかげです。木曽三川の分流工事にかかわった薩摩の人たち【→P.42】やヨハニス・デ・レーケ【→P.44】、それからいまも堤防を強くするために工事をすすめてくれている人たちにも感謝したいです。

（2023年3月取材）

◀ **避難所** 海津市内には25か所のたてものが避難所に指定されている。そのひとつ、西江小学校には非常用の食料やふとんや毛布などがそなえられている。

海津市のハザードマップを調べよう!

ハザードマップで浸水区域を確認

ハザードマップ（災害予測図）は、災害のおこる地域や大きさ、危険度を予測し、避難路や避難場所などをあらわした地図で、各家庭に配られています。ハザードマップを開き、まずは自分の家の場所を確認して印をつけてみましょう。そこに色はぬられていますか？　ぬられていたら

図にある凡例で、どのくらいの規模の災害が予測されているか、確かめてみましょう。さらに、家の近くにある避難場所を確認しましょう。

下の図は海津市が住民に配布している「揖斐川の洪水による浸水区域を予測したハザードマップ」です。輪中のほとんどが濃いピンク色にぬられていて、5〜10mの浸水が想定されていることがわかります。

▼**海津市のハザードマップ**　ハザードマップは各家庭に配布されるほか、公共施設に掲示されたり、地方自治体のホームページでも公開されている。

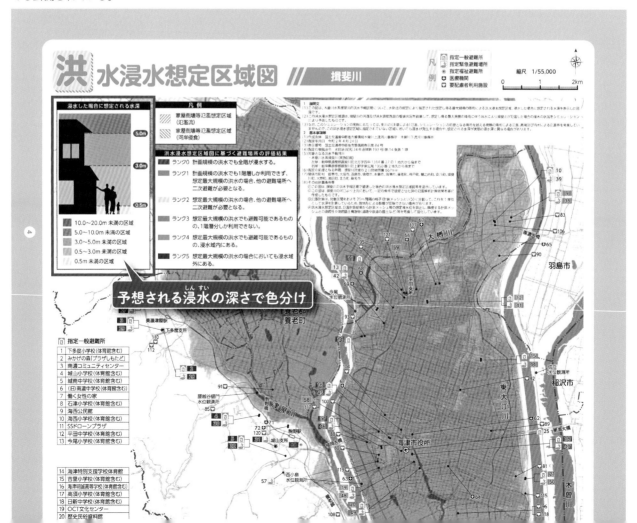

インターネットで調べよう

　もっとくわしく知りたいときは、国土交通省*のウェブページ「ハザードマップポータルサイト」の「重ねるハザードマップ」を使うとよいでしょう。「住所から探す」にたとえば「海津市」と入力すると、海津市のハザードマップが表示されます。

　地図の中心に黒い十字線が示され、中心の標高が、画面の左下に示されています。下の例では標高は0.4mとなっていて、海面とほぼ同じ高さであることがわかります。

　重ねるハザードマップでは、洪水の予想だけでなく、さまざまな情報を重ねて見ることができます。左側のボックス内の「洪水」を選ぶと、洪水でどのくらいの高さまで水がくるか色わけして表示されます。「すべての情報から選択」を選んで、表示される情報リストから「指定緊急避難場所」を選ぶと、市区町村が指定している避難場所が地図に表示されます。みなさんも、自分の住んでいる場所について調べてみて、もし災害の予報が出たら、どう避難するか考えてみてください。

＊日本の国土の総合的な利用開発や保全、交通システムの整備などをおこなう、国の行政機関。

❶洪水情報を重ねてみる

ここで情報を選ぶ

標高を確認

凡例

自分の住んでいる町のハザードマップを見てみよう。

❷避難場所を重ねてみる

避難場所を確認

指定緊急避難場所を選ぶ

「ハザードマップポータルサイト」にはこのQRコードでアクセスしよう！

低い土地はいまどう守られているか

揖斐川沿いの堤防 場所によっては2階の屋根の高さまでそびえている。

洪水を防ぐための堤防工事

洪水を防ぐため、日本の大きな川にはがんじょうな堤防がつくられ、いまも毎年の補修はもちろん、さらに高くしたり強くしたりする工事や、川底にたまった土や砂をとりのぞく工事がおこなわれています。

木曽三川のように水害がおきると大きな被害が出る109の水系（支流などもふくめた河川）は一級河川に指定され、おもな部分を国が管理しています。一部の一級河川やそのほかの川について

ても都道府県や市町村など、どの地方自治体が管理するかが決まっていて、水位や水量の監視や洪水を防ぐための工事をおこなっています。

▼揖斐川の堤防工事 海津市の安田新田わきでおこなわれた護岸工事。毎年何か所もの工事が実施されている。

木曽三川の下流で国がおこなった河川工事
2021（令和3）年度完成分

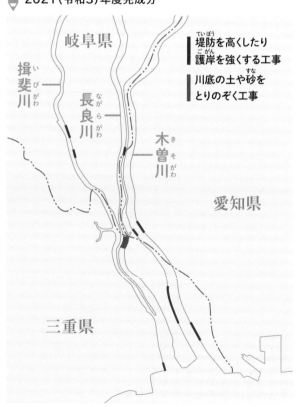

岐阜県
揖斐川
長良川
木曽川
愛知県
三重県

■ 堤防を高くしたり護岸を強くする工事
■ 川底の土や砂をとりのぞく工事

町を守る堤と排水機場

高須輪中では大江川などに沿って、7つにわかれていた時代の古い堤が残っています【➡P.10】。いまも水害がおこったときには、この堤が水をとめるはたらきをしてくれます。

▲ 切り割り　残っている輪中堤は、道路を通すためにあちこちで削られて切り割りになっている。洪水の危険がせまったときは、切り割りに板をはめこみ、土嚢をつんで水の流入を防ぐ。

高須輪中には9か所の排水機場があり、輪中にたまった水を外へ出しています。なかでも高須輪中排水機場は、1961（昭和36）年に輪中の80％が1m近く浸水する水害にあったことから、そのときの雨量を基準にして国がつくりました。

▼ 高須輪中排水機場　強力なポンプで大江川の水を揖斐川へ排水する。

◤コラム◢

千葉県香取市の
洪水へのそなえ
新しくつくった小野川放水路

香取市佐原の町を流れ、利根川に注ぐ小野川は、大雨が降るとたびたび町に水があふれました。そこで洪水を防ぐため、新しく小野川放水路をつくり、2004年に完成しました。以前と同じように小野川は町のなかを流れますが、大雨で増水すると、町の手前から地下の放水路をとおって利根川に水をにがすしくみになっています。

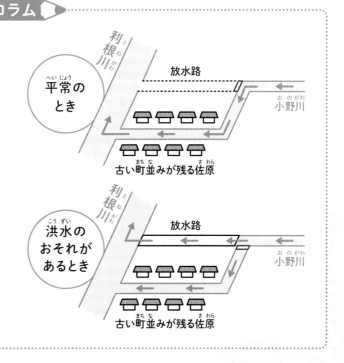

いまの水害のそなえとは？

水防にあたる水防団の活動

　水害のおそれがあるときには、危険を広く知らせるために、洪水注意報や洪水警報を気象庁が出します。とくに洪水がおきれば大きな被害が出るおそれがある川についてはあらかじめ指定して、気象庁とその川を管理する国土交通省や都道府県が共同で「指定河川洪水予報」を出します。水位や流れる水の量を示して、「〇〇川氾濫注意情報」や「××川氾濫警戒情報」のように川の名前をつけて発表し、危険を知らせ、避難などの行動につなげます。

　予報をうけて実際に水害にそなえるのは市町村です。市町村ではそれぞれ「水防計画」をつくっていて、決められた基準にしたがって職員が出動し、市民に情報を知らせたり、避難所の準備をするなど、計画にさだめた対応をします。

　実際の水防活動はおもに水防団*がにないます。堤防をパトロールし、異常があれば水防工法という特別な方法で堤防を守り、住民を避難させるなどの活動をします。

　海津市の水防団は2012（平成24）年度から消防団とひとつになり、消防と水防の両方の活動をおこなっています。年1回、雨が多くなる梅雨の前におこなう水防演習では、土嚢や杭、ロープ、シートなどの用具が使える状態か、数はそろっているかをチェックし、本番と同じように水防工法を訓練しています。

＊水防法にもとづいて市町村におかれている、水防管理団体。地域の住民で構成されており、堤防や水門の見まわり、災害のときは避難誘導などもおこなう。

◀ **伊勢湾台風の水防活動のあと** 1959（昭和34）年、伊勢湾台風で削られた揖斐川の堤防。水防工法で崩れを止める応急処置が見られる。

水害対策はバッチリだね！

▲ **水防倉庫** 切り割りの倉庫もふくめて全部で33か所の水防倉庫がある。

▲ **水防のための道具類** 杭や土嚢、シートやロープなどの用具、たこ槌や「かけや」などの工具など、決められた数が保管してある。たこ槌は土や土嚢をつきかためるのに使う。かけやは杭を打つ槌。

▲ 砂をつめた土嚢は、水をとめたり堤防を強化するのに使う。

▲ **釜段工法** 堤防から住宅地に水がふきだしてきた場合、土嚢をつんで池のように水をためて土砂の流出を防ぐ。

▲ 杭打積土嚢工という、堤防の崩れを防ぐ工法。

▲ 杭打積土嚢工を2段重ねて完成した状態。

▲ 網には丸々と太った寒ブナのほか、コイなども入る。

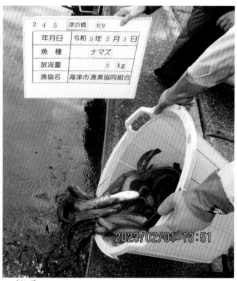

2023/02/01 13:51

▲ **寒ブナ漁** フナは冬がおいしい魚で、12月の終わりにはじまる寒ブナ漁のニュースに、海津市の人々は季節を感じる。

▲ 海津市漁業協同組合では、フナやナマズ、ウナギなどの放流をおこなっている。

輪中の味のむかしといま

　洪水がおそれられてきた木曽三川ですが、ふだんは生活に豊かな恵みをもたらしてきました。木曽三川はもちろん、輪中内の大江川【➡P.10】などの川や池にも川魚がたくさんいます。水田が堀田【➡P.30】だったむかしは、掘りつぶれ【➡P.30】といわれる水路も魚の宝庫でした。高須輪中の人々は、フナやナマズのほか、モロコなどの小魚、特別なときにはウナギやコイなども食べていたそうです。

　いろいろな魚が手に入るようになり、食生活が肉中心に変わって、いまでは川魚はあまり食べなくなりました。海津市でおこなわれていたウナギやナマズの養殖場もへり、1か所残っていたウナギの養殖場も、稚魚の値段があがって採算がとれなくなって2010年ごろに廃業しています。

なつかしい味を伝える

　しかし、海津市漁業協同組合によれば、いまでも100名ほどの組合員が漁をしているそうです。仕事としてではなく、楽しみで魚をとって家で料理するほか、知り合いの店にわけたりしています。

　海津市の食生活改善協議会では、むかしながらの海津の川魚料理を残していこうと、市のイベントでフナみそを提供したり、高校生に箱ずしのつくりかたを教える教室を開いたりしています。

　新型コロナウイルス感染症の拡大で3年間活動できませんでしたが、2023（令和5）年から少しずつ再開にむけて動きはじめています。年配の人にはなつかしい味、若い人には再発見したふるさとの食として好評です。

▲ 高須輪中にある千代保稲荷神社参道には、ナマズやウナギ料理の店や、モロコの佃煮やフナみそを売る店が並ぶ。

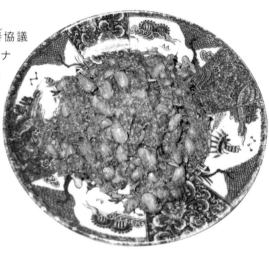

▶ 食生活改善協議会がつくったフナみそ。大豆と焼いたフナを何日もかけて骨までやわらかく煮こみ、みそと砂糖で味つけする。

箱ずしのつくりかた

① **モロコを煮る。**
生のモロコをあまからく煮る。

② **すしをつくる。**
煮たモロコを酢飯の上に並べる。

③ **すしを押す。**
「のぼり」という専用道具を使う。

川がはたしてきた役割は?

▲ 年2回おこなわれている木曽三川交流レガッタレース。秋のレースは「デ・レーケ杯」と名づけられている。

くらしをうるおす水と水辺空間

川の水は農業や工業にも使われてきました。高須輪中でもむかしから長良川と揖斐川から水を引き、明治時代のなかごろからは動力を使って水をくみあげる揚水施設がつくられました。2023年現在では3か所の揚水場が輪中全体に水を行きわたらせて農業を支えています。

また周囲の川は観光やレジャーでも大きな役割をはたしています。川沿いには13園から成る国営木曽三川公園、高須輪中の南はしにある木曽三川公園セ

ンターの65mのタワーの展望台からは、木曽三川や海津市を一望することができます。また、長良川国際レガッタコースでは、さまざまなローイング(ボート競技)がおこなわれています。

▲ 木曽三川公園センターでは、オランダ生まれのヨハニス・デ・レーケ【➡P.44】にちなみ、春にチューリップ祭りが開かれる。

川を利用した輸送

木曽のいかだ流し

　鉄道や自動車が発達する以前、川はものを運ぶ重要な経路でした。舟も使いましたが、木曽川では上流の木曽地域で切った木材を川に浮かべて下流へと運びました。歴史は古く、豊臣秀吉が全国を統一した16世紀の終わりごろから明治時代にかけてたいへんさかんでした。

　中流・下流では木材をいかだに組んで、三重県の桑名や愛知県の名古屋の白鳥の貯木場に運びました。大阪城や江戸城、寺や神社など多くのたてものに、こうして運ばれた木曽の木材が使われました。

利根川の水運

　千葉県の銚子から太平洋に注ぐ利根川は、千葉県野田市関宿で江戸川とつながっています。17世紀なかごろから銚子と江戸とのあいだで舟を使った輸送がさかんにおこなわれました。波の高い太平洋をとおるより安全だったので、東北の米も利根川をとおって江戸へ運ばれ、利根川沿いにはたくさんの川港ができてにぎわいました。とくに栄えたのが、現在の千葉県香取市の佐原の町です。舟での輸送は昭和まで続き、佐原にはむかしのようすを伝えるりっぱなたてものが数多く残っています。

▲ 大正時代後半から昭和時代はじめにかけての三重県桑名の貯木場の風景。中流からは、木材をいかだに組んで川をくだった。貯木場は名古屋にもあった。

④ 低い土地の産業

洪水によっていろいろな栄養分が土に溶けこんだ低い土地は、水害さえなければよい農地です。水をうまく管理して農作物を育てるむかしといまのくふうとは？

輪中の稲作が
かかえていた問題とは？

水田によごれた水がたまる

平らな土地がどこまでも広がるいまの高須輪中は、穀物がよくとれる岐阜県でも指おりの穀倉地帯です。いまでは麦や大豆もつくっていますが、すくなくとも江戸時代には水田での米づくりがさかんでした。

高須輪中のなかには大江川や中江川などの川があります。これは田んぼからの排水が集まる水路で、集まった排水をむかしは門樋とよぶしかけで揖斐川や長良川に流しました。

しかし土地が低く揖斐川や長良川の水面が高いので排水がうまくいかず、水田に余分な水がたまってしまうという問題がありました。ときには水がたまったままでイネがくさってしまうこともありました。

明治時代になって動力で動く排水機を使うようになりましたが、十分な力がなく、やはり水田には水がたまりやすいままでした。

そこでイネが水につかりすぎるのを防ぐため、まわりの土を掘ってつみあげた上にイネを植えるようになりました。これを堀田（掘り上げ田）といいます。掘ったあとは掘りつぶれとよんで水路として使い、舟で行き来をしたり苗や収穫したイネを運んだりしました。

▲ 空から見た堀田 1968年の高須輪中。いちめんに堀田と水路が広がっている。

▲ 整備後の圃場 堀田は埋められ、1970年代には四角く整備された水田が広がるようになった。

堀田のしくみ

水はけの悪い輪中の水田で、イネを少しでも多く育てるためのくふう。湿地の底から土を掘りだして、水田にもりあげる。掘ったあとの水路である掘りつぶれの深さは季節によってちがうが、80〜120cmぐらいだった。

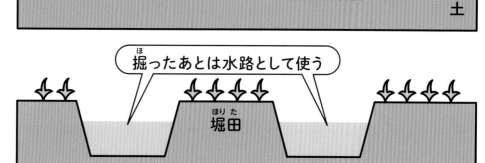

水

土

掘ったあとは水路として使う

堀田

岐阜県を代表する穀倉地帯なんだ

▶穀倉地帯
いまも高須輪中ではイネを中心に小麦や大豆などの穀物をたくさんつくっている。

▲堀田と舟 舟に農具や刈りとった稲などをのせて田と家を往復した。1968年の撮影。

31

いまの高須輪中の農業の特徴は？

どんな特徴があるのかな？

いちめんに広がる水田の風景。うしろに見えているのは、米や小麦の大規模乾燥貯蔵施設、カントリーエレベーター。

▲ 農業用水蛇口 ハンドルをまわせば蛇口から大量の水が出て、水田にためることができる。

いちはやい農地の整備

　高須輪中に強力な排水機場の整備がはじまったのは1947（昭和22）年からです。やがて水路が埋め立てられて堀田は次第になくなり、1971（昭和46）年には四角く区画整理された農地がほぼ完成しました。さらに1980（昭和55）年から国によってより強力な排水機場と揚水機場の整備がはじまり、県の事業として水田の整備事業もすすめられました。

　いま、水田に水をはるのは水栓をひねるだけでできます。また穴のあいたパイプを水田の底に埋める「暗渠排水」という方法で排水もかんたんにできるようになり、みちがえるように水はけのいい、水田としても畑としても利用できる農地に生まれ変わりました。

　いちはやく整備がすすんだことで、高須輪中は岐阜県でもっとも大規模な穀物の生産がおこなわれている地域となっています。

2年3作の大規模農業

　いまの日本では米を食べる人が減っているので、高須輪中では米を減らして、かわりに麦や大豆を転作する農家が増えています。海津市では2年かけて最初は水田で米、水をぬいて次は小麦、つづいて大豆をつくり、次の年にはまた水をためて米をつくる2年3作がさかんにおこなわれています。

　このような米をふくむ穀物生産をになっているのは、ほとんどが農事組合法人や農業を営む会社です。むかしは多かった、会社などに勤めながら米をつくる準主業農家は、いまはほとんどありません。高齢化や農業をになう人が減ったことで、農事組合法人が耕す人がいなくなった農地を借り、大規模な農業をおこなうようになったのです。

　2022年度の調査では、地元の人がつくった23の農事組合法人と会社6社、5戸の専業農家が、大型の農業機械をつかって岐阜県でも指おりの海津市の穀物生産を支えています。

▲ **小麦の収穫**　6月におこなわれる小麦の収穫。2022年度には、海津市で約1000ha栽培された。

▲ **米の収穫**　大型の機械で稲を刈りとると、自動的に籾だけを別にわけ、稲わらはこまかく切って田にまいてくれる。籾はトラックにつみこむ。

2年3作のサイクル

	1年目	2年目	3年目
米	4-5月 田植え ／ 11月 稲刈り		4-5月 田植え
小麦	11月 種まき	6月 収穫	
大豆		7-8月 種まき ／ 12月 収穫	

33

トマトの新しい育てかたとは?

ビニールハウスによる栽培

　海津市では、大型のビニールハウスを使った野菜やくだものの栽培もさかんです。どこまでも広がる平らな農地に、ビニールハウスがかたまって並ぶ風景をあちこちで見かけます。ビニールハウス栽培で栽培面積、出荷量ともにいちばん多いのはトマト。つぎにキュウリ、イチゴとつづきます。とくにトマトは岐阜県のなかで最大の栽培面積と出荷量をほこる、重要な農産物です。「美濃のかい

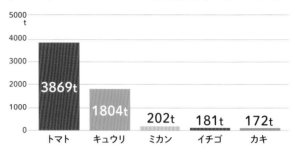

2022年の海津市の野菜・くだものの収穫量（上位5種）

トマト	キュウリ	ミカン	イチゴ	カキ
3869t	1804t	202t	181t	172t

◎JAにしみの海津営農センター調査の令和4年度データ（2023年3月31日公表）から作成。ミカンとカキはビニールハウスをつかわない露地栽培。

づっ子」の名前で岐阜県内を中心に愛知県や福井県、富山県などの北陸地方へ出荷されています。

　海津市のトマトは冬春トマトといって、ビニールハウスで育てて10月～7月にかけて収穫します。土に植える土耕とよぶ栽培方法が中心ですが、土ではなくロックウールという繊維に根をはらせて栽培する養液栽培もあり、最近では独立ポット耕栽培という新しい方法をとる農家も出てきています。

▼ **ビニールハウス群**　かたまってならぶビニールハウス。地元ではハウス団地とよばれている。

▶ **トマトの収穫**　茎をたおすので、ちょうど胸の高さあたりに実がなって、立ったまま収穫ができる。

▲ **ポット植え** トマトは1本ずつ小さなポットに植えられ、養液をポトポトと落として水分と肥料をあたえる。

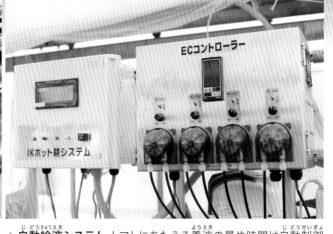

▲ **自動給液システム** トマトにあたえる養液の量や時間は自動制御する。養液の成分や濃さは時期やトマトの状態によってかえる。

トマト農家を増やすために

独立ポット耕栽培は岐阜県農業技術センターが開発したもので、土を入れた小さなポットひとつに1本ずつトマトを植え、必要な栄養を溶かしこんだ養液を、機械を使って自動的にあたえて育てます。土耕にくらべて同じ面積にたくさんのトマトを植えることができ、収穫量は1.5倍。ポットが独立しているので、土耕やふつうの養液栽培とはちがって病気が出てもほかのトマトにうつる心配が少なくてすみます。

2023年現在、海津市の人口は20年前より約6700人減っていて、とくに農業にたずさわる人の減少は深刻です。トマトの独立ポット耕栽培は、栽培技術のマニュアルがあるので、はじめて農業をやる人でも身につけやすいという利点があります。海津市にある岐阜県就農支援センターでは、独立ポット耕栽培の研修をおこない、新しく農業をはじめる人を支援しています。

インタビュー

独立ポット耕栽培への チャレンジ

トマト農家3代目
家族とはたらく
福島紳太郎 さん

祖父の代からトマトをつくってきた家に生まれ育ちました。会社勤めをやめて農家をつぐときに、せっかくなら新しいことをやりたいと岐阜県就農支援センターで独立ポット耕栽培の技術を習得しました。ビニールハウスの開け閉めや暖房で温度管理をするのも、肥料をまぜた養液をぽとぽととポットに落として水と栄養を管理するのも、すべて機械で自動的におこなっています。

この独立ポット耕栽培では、実が収穫しやすい高さになるようにトマトを育てることができます。土耕栽培ではしゃがんで作業しなければならないことが多いので、とてもラクになりましたね。

現在、ビニールハウスは独立ポット耕栽培が0.14ha、土耕栽培0.27ha。姉ふたりをふくめて家族5人でトマトをつくっています。4月から6月まで、収穫量の半分が集中する時期はトマトをとりつづける毎日になります。たいへんですが、農業はすべて自分で考え、責任をもってとりくめる、すばらしい仕事だと思っています。 （2023年3月取材）

千葉県香取市で早場米にとりくむ理由

水につかる前に収穫する

右の写真は1958（昭和33）年、利根川下流に広がる千葉県香取市の水郷とよばれる低い土地での稲刈りです。むかしは雨がふって水が出ると、このようにイネが水につかりました。そのためイネがだめになるのをさけようとして、低い土地ではふつうより早く収穫する早場米づくりが多くおこなわれていたといわれています。

台風をさけられることに加え、早場米には去年の米がまだ店で売られているときにいちはやく新米を食べられるので、買いたい人が多く、高い値段がつくという利点もあります。そこで現在では水郷以外の香取市内はもちろん、千葉県全体で早場米にとりくんでいます。

▲1958（昭和33）年の北佐原。土地改良事業がおこなわれ、工事がおわった1978年にはこうした風景は消えた。

香取市では早場米の多くは8月なかごろから9月のなかごろにかけて収穫して出荷します。なかには8月上旬に稲刈りをする農家もあります。米の品種は早場米用に千葉県が開発した「ふさおとめ」や「ふさこがね」のほか、「コシヒカリ」もふつうよりも時期を早くして栽培しています。

香取地域で毎年いちばん早い時期に収穫する東庄町の多田さん一家の水田。2022年の収穫のスタートは8月6日だった。

▲ 2023年の多田さんの田植えは4月6日。田植え機はＡＩ（人工知能）により、ほとんど自動で運転できる。

早場米のサイクル

田おこし	育苗	田植え	出穂	収穫
肥料をまきながら土を耕す	ハウスで苗を育てる		穂が出てくる時期	
2月5日〜3月5日ごろ	3月5日〜5月15日ごろ	4月5日〜5月25日ごろ	7月10日〜7月30日ごろ	8月10日〜9月10日ごろ

千葉県香取市の場所

香取（香取市）と東京（千代田区）の月平均気温と月別降水量

◎気象庁の発表した平年値（1991年〜2020年の平均値）から作成。

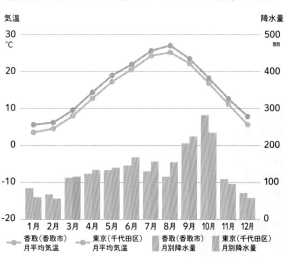

香取（香取市）月平均気温　東京（千代田区）月平均気温　香取（香取市）月別降水量　東京（千代田区）月別降水量

水郷で人気の観光とは？

小舟で楽しむ水郷めぐり

利根川の下流、香取市北部の利根川と常陸利根川にはさまれた地域は、1590（天正18）年ごろから川を堤防でしきって水をぬく、干拓という方法で水田と村がつくられてきました。水田や集落のなかをエンマとよぶ水路がはしる美しい風景が1800年代のなかばごろから有名になり、水が豊かな里という意味で水郷とよばれ、観光客がやってくるようになります。

東京からの鉄道もでき、大正時代から昭和のはじめにかけて川には汽船が行き来するようになり、貸切ボートでめぐる水郷観光がさかんでした。

太平洋戦争後は、1955（昭和30）年に公開された水郷を舞台とした映画『娘船頭さん』の影響で、地元の人たちがやっていた小舟での水郷めぐりがたいへんな人気をよびました。そしてこれ以後は、小舟をこぐ役目は女性がになうようになります。

利根川の下流の水郷地域

▲ 1962（昭和37）年の水郷観光　水郷観光の中心は、加藤洲という場所での十二橋めぐりだった。橋といっても当時は板などを渡しただけのかんたんなものだった。

▲ 現在の水郷観光　昔の水路はほとんど埋め立てられたが、いまも加藤洲には残り、水郷めぐりの舟が行き来する。橋もりっぱになった。

▲ 水郷佐原あやめパークのアヤメ　毎年5月の終わりから6月の終わりにかけて「あやめ祭り」がおこなわれ多くの観光客が訪れる。

注目される伝統的な町並み

　あやめの花が咲く時期には多くの人たちが小舟で水郷観光を楽しみます。また、1990年代からは江戸時代に利根川の川港として大いに栄えた香取市佐原地区の古い町並みが市民の活動によって守られ注目されるようになり、いまでは多くの観光客を集めています。

　香取市への観光客は2019（令和元）年には年間690万人が訪れるまでになり、新型コロナウイルス感染症の拡大で一時減りましたが、2022（令和4）年には早くも650万人までもどっています。*外国人客にもたいへんな人気で、水郷とあわせた観光のもりあがりが期待されています。

＊「令和4年千葉県観光入込調査」（2023年12月公表予定）による。

▲ 佐原地区の町並み　佐原地区には伝統的な町並みが残る。

▲ 小江戸さわら舟めぐり　佐原地区では町をながめる舟めぐりも人気だ。写真は小野川沿いの風景。

⑤低い土地の歴史

河川流域の低い土地は、洪水との戦いとともにありました。洪水を防ぐためにおこなわれた、江戸時代と明治時代の大きな治水工事は、どのようなものだったのでしょう。

水害に弱い日本の国土

くりかえしおそう水害

大きな川の下流に低い土地がある日本は、水害にあいやすい国です。低い土地では大雨で堤防が壊れて水があふれだす洪水や、満潮や風によるふきよせや気圧の低下などで、海面が高くなる高潮などの危険をいつも考えておく必要があります。また、日本では低い土地にたくさんの人が住む町があることが多く、被害が大きくなりやすいのも特徴です。

1945（昭和20）年以降、日本が戦争から立ち直って産業や経済がどんどん発展していくあいだも、水害はくりかえしおそってきました。国では川の整備計画を立て、水害を防ぐ治水事業をいまも続けています。しかし最近は、地球温暖化の影響もあり、大雨が降ることが以前よりも多くなりました。避難しなければならない危険な水位（川の水の高さ）を超えることはめずらしくありません。

▼1959（昭和34）年9月下旬、伊勢湾台風で被害をうけた愛知県名古屋市南区大同町のようす。中央には救援用の小舟が多数浮かんでいる。

▲ 1952（昭和27）年の水害　6月のダイナ台風（たいふう）による豪雨（ごうう）で、高須輪中（たかすわじゅう）の北部で長良川（ながらがわ）の堤防（ていぼう）が壊れて水が流れこんだ。

太平洋戦争後日本で洪水（こうずい）や高潮（たかしお）により大きな被害（ひがい）を出した大雨

西暦年	災害
1947年 （昭和22年）	カスリーン台風。利根川（とねがわ）や荒川（あらかわ）が堤防決壊（ていぼうけっかい）。 関東や東北で洪水（こうずい）。
1952年 （昭和27年）	ダイナ台風。紀伊半島（きい）から東北、関東を通過。 静岡県を中心に関東以西の各地で被害（ひがい）。
1958年 （昭和33年）	狩野川台風（かのがわたいふう）。関東で洪水（こうずい）。
1959年 （昭和34年）	伊勢湾台風（いせわんたいふう）。紀伊半島（きいはんとう）や伊勢湾（いせわん）周辺で高潮（たかしお）と洪水（こうずい）。 死者・行方不明者約5000人、床上浸水（ゆかうえしんすい）約16万棟、 床下浸水（ゆかしたしんすい）21万棟。
1972年 （昭和47年）	7月に記録的な豪雨（ごうう）。山形県、青森県、島根県で洪水（こうずい）。
1976年 （昭和51年）	台風17号。長良川（ながらがわ）が堤防決壊（ていぼうけっかい）。床上浸水（ゆかうえしんすい）15万棟（とう）、 床下浸水（ゆかしたしんすい）43万棟。
2018年 （平成30年）	西日本に豪雨（ごうう）。岡山県で川が18か所堤防決壊（ていぼうけっかい）し、 大洪水（だいこうずい）になる。
2020年 （令和2年）	7月に記録的（きろくてき）な豪雨（ごうう）。九州の球磨川（くまがわ）、筑後川（ちくごがわ）、 東北の最上川（もがみがわ）で洪水（こうずい）。

ほかにも
たくさんの水害に
あっているんだ

大規模な治水（ちすい）が必要な国土

　年表にあげたのは、被害（ひがい）がとても大きかったごく一部の水害（すいがい）にすぎません。ほかにも毎年のように水害（すいがい）はおきていました。高須輪中（たかすわじゅう）でも伊勢湾台風（いせわんたいふう）では堤防（ていぼう）は壊れずにすみましたが、その7年前の1952（昭和27）年には台風で長良川（ながらがわ）の堤防（ていぼう）がやぶれ、2000戸以上が水につかっています。1961（昭和36）年にも台風による大雨に排水（はいすい）が追いつかず、輪中（わじゅう）の約80％が1mほどの水につかっています。

　水害の多い日本では、かつての輪中（わじゅう）のような集落と田畑を堤防（ていぼう）でかこうだけではくらしを守りきることはできません。もっと大規模な堤防（ていぼう）づくりや、治水工事（ちすいこうじ）が必要です。

江戸時代には どんな治水がおこなわれた?

木曽三川の「宝暦治水」

　洪水を防ぐための治水工事が大規模におこなわれるようになったのは、1500年代のなかごろからです。各地をおさめる武将によって、また1603（慶長8）年に徳川家康が江戸幕府を開いてからは幕府や各地の大名によっておこなわれていました。

　堤防に切れ目をつくって増えた水の勢いを弱めて堤防の外ににがし、下流に流れる水の量を減らすしくみ（霞堤）や、一定以上川が増水すると堤防をこえて水を外へにがすしかけ（洗い堰）が工夫されました。川の流れをかえる大規模なくふうもおこなわれています。

　木曽三川では、木曽川の東の尾張の土地を守るため、徳川家康が1609（慶長14）年に50kmもの堤防を木曽川の東側につくりました。しかし堤防がない木曽川より西では洪水がひどくなりました。

　江戸幕府は何度か治水工事をおこないましたが洪水はおさまらず、1754（宝暦4）年に大工事にふみきります。この宝暦治水では、網の目のようにつながっていた木曽三川の流れを整理し、また増水したときに水の量や勢いを減らす工事をおこないました。

　計画は江戸幕府がたて、薩摩藩（おもにいまの鹿児島県）に命令して工事と費用を負担させました。たいへんな難工事で薩摩藩の武士80余名がなくなり、ばくだいな費用がかかりました。

✏ 堤防に切れ目をつくっておく霞堤のしくみ

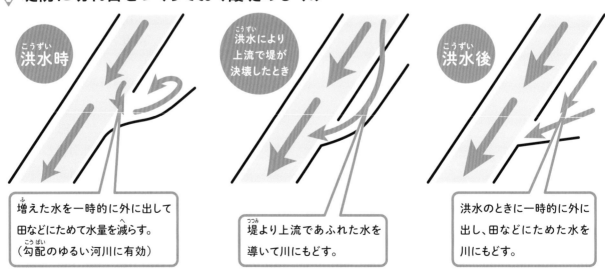

洪水時
増えた水を一時的に外に出して田などにためて水量を減らす。（勾配のゆるい河川に有効）

洪水により上流で堤が決壊したとき
堤より上流であふれた水を導いて川にもどす。

洪水後
洪水のときに一時的に外に出し、田などにためた水を川にもどす。

▲ 治水神社 大きなぎせいをだして、治水工事を完成させた薩摩藩の人々をまつる治水神社。

▶ 薩摩藩士のモニュメント 治水神社には、工事に苦労した薩摩藩の人たちをかたどった、感謝の碑がたてられている。

───✏ コラム ───

利根川の流れを変えた江戸幕府

▲ 江戸時代の利根川の流れ 当時、利根川は東京湾に流れこんでいた。

関東平野を流れる利根川の下流地域や霞ヶ浦のあたりには、400年以上のむかし、香取海とよばれる大きな内海が広がっていました。そして利根川はこの内海にではなく、東京湾に注いでいました。

利根川の流れを変えたのは、江戸幕府です。1590年代からほかの川につないだりして少しずつ流れを変え、60年かけて銚子で太平洋に注ぐようにしました。これを利根川東遷といいます。その結果、江戸（いまの東京）を洪水から守り、川を使った水運の整備につながり、新田開発がおこなわれました。佐原北部の水田も、東遷のころに開かれました。その後も干拓で水田がつくられ、土砂の流入も増えて陸地化がすすみ、現在のようなかたちになったのです。

▲油島千本松締切堤 千本松原とよばれる、長良川と揖斐川をわける堤防。薩摩藩がつくった堤防の上に松並木が続いている。

西洋技術をとりいれた治水工事

　明治政府は西洋の技術を積極的にとりいれました。治水についても、当時治水先進国だったオランダから1873～1874（明治6～7）年に専門の技術者を10名ほどよびよせました。技術者たちは淀川や信濃川、利根川の治水事業や港をつくる工事にとりくみました。木曽三川の改修は、そのうちのひとりであるヨハニス・デ・レーケがおこなっています。

　木曽三川を調査したデ・レーケがたてた改修計画は、木曽三川の流れを完全にわけるというものでした。川幅を広げ、曲がりくねった流れをまっすぐにし、三川以外の川の多くをなくしたり閉めきったりする計画でした。工事は1887（明治20）年にはじまり、完成したのは1912（明治45）年6月。工事のために買いとった土地は2900ha、移転した家屋は1800戸にものぼりました。いま木曽三川公園センターの展望タワーから見わたせる、木曽川と長良川の間の背割堤は明治改修でつくられたものです。また、高須輪中の南はしから伊勢湾へむかってのびる千本松原は、宝暦治水の完成後に薩摩藩士が植えたと伝えられています。

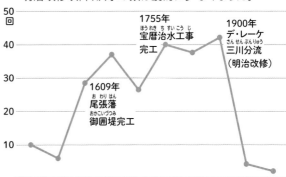

デ・レーケによる木曽三川（きそさんせん）の完全分流計画（かんぜんぶんりゅうけいかく）

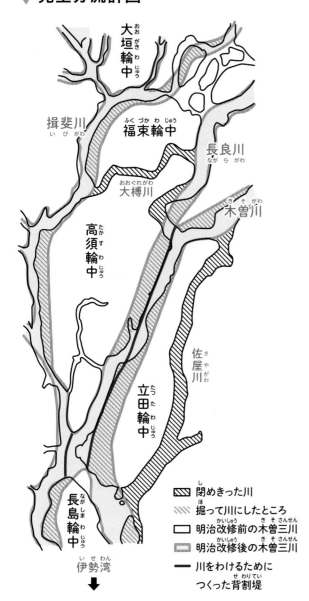

大垣輪中（おおがきわじゅう）

福束輪中（ふくづかわじゅう）

揖斐川（いびがわ）

長良川（ながらがわ）

大榑川（おおぐれがわ）

木曽川（きそがわ）

高須輪中（たかすわじゅう）

佐屋川（さやがわ）

立田輪中（たったわじゅう）

長島輪中（ながしまわじゅう）

伊勢湾（いせわん）

凡例:
- 閉めきった川（し）
- 掘って川にしたところ（ほ）
- 明治改修前の木曽三川（かいしゅう まえ きそさんせん）
- 明治改修後の木曽三川（かいしゅう ご きそさんせん）
- 川をわけるためにつくった背割堤（せわりてい）

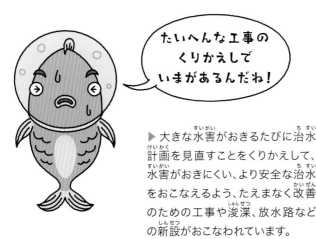

たいへんな工事の
くりかえしで
いまがあるんだね！

▶ 大きな水害（すいがい）がおきるたびに治水（ちすい）計画（けいかく）を見直すことをくりかえして、水害がおきにくい、より安全な治水（すいすい）をおこなえるよう、たえまなく改善（かいぜん）のための工事や浚渫（しゅんせつ）、放水路などの新設（しんせつ）がおこなわれています。

明治改修前と後の洪水回数の移り変わり（こうずいかいすう うつ）

明治改修以降（かいしゅういこう）、洪水（こうずい）の数は劇的（げきてき）に少なくなった。

	回
50	
40	1755年 宝暦治水工事（ほうれきちすいこうじ）完工　1900年 デ・レーケ 三川分流（さんせんぶんりゅう）（明治改修）
30	
20	1609年 尾張藩（おわりはん）御囲堤完工（おかこいづつみ）
10	

1501〜1550	1551〜1600	1601〜1650	1651〜1700	1701〜1750	1751〜1800	1801〜1850	1851〜1900	1901〜1950	1951〜1970

◎岐阜県大垣市『輪中・水と緑のふるさと』（1992年）に掲載されている、伊藤安男氏の図から作成。

木曽三川（きそさんせん）と利根川（とねがわ）のあゆみ

木曽三川（きそさんせん）

1887〜1912年（明治20〜45年）	ヨハニス・デ・レーケの計画による木曽三川改修（かいしゅう）。三川（さんせん）を完全にわけた。
1936年〜（昭和11年〜）	1932（昭和7）年の洪水（こうずい）に対応して川全体の堤防（ていぼう）をつくりなおし、川底の土砂（どしゃ）をとりのぞく。
1949年〜（昭和24年〜）	改修総体計画（かいしゅうそうたいけいかく）。流れる水の量を調節（ちょうせつ）できる上流のダム建設（けんせつ）がはじまる。
	1959（昭和34）年伊勢湾台風（いせわんたいふう）がおこる。被害復旧（ひがいふっきゅう）、三川（さんせん）の河口の堤防（ていぼう）を強くした。
1965年〜（昭和40年〜）	木曽川水系工事実施基本計画（きそがわすいこうじじっしきほんけいかく）。
	安八水害（あんぱちすいがい）がおこる。長良川堤防（ながらがわていぼう）を強くした。1989（平成元）年木曽川の堤防（ていぼう）と護岸（ごがん）を整備（せいび）。
2007年〜（平成19年〜）	木曽川水系河川整備基本方針（きそがわすいけいかせんせいびきほんほうしん）。

利根川（とねがわ）

1900〜1930年（明治33年〜昭和5年）	利根川改修計画（とねがわかいしゅうけいかく）。河口から取手（とりで）まで、堤防（ていぼう）をつくり、川底の土砂（どしゃ）をとりのぞく。とった土砂（どしゃ）は堤防（ていぼう）や埋立（うめた）てに使った。
1949年（昭和24年）	1947（昭和22）年のカスリーン台風（たいふう）がおこる。さらに堤防（ていぼう）を強くし、浚渫（しゅんせつ）をおこなう。堤防（ていぼう）の位置を変えて川幅（かわはば）を広くする。上流には、増水（ぞうすい）したときに水をためるダムの建設（けんせつ）や、洪水を軽減（こうずい けいげん）するための調整池（ちょうせいち）の設置（せっち）もすすめた。
1965年（昭和40年）	利根川水系工事実施計画（とねがわすいけいこうじじっしけいかく）。利根川（とねがわ）の分流である江戸川（えどがわ）には放水路（ほうすいろ）がつくられ、洪水を軽減（こうずい けいげん）している。
2006年〜（平成18年〜）	利根川水系河川整備基本方針（とねがわすいけいかせんせいびきほんほうしん）。

さくいん

調べてみよう・訪ねてみよう

岐阜県や千葉県に行ったら訪ねてみよう。低い土地のことがいろいろわかるよ。

海津市歴史民俗資料館

岐阜県海津市の歴史やくらしについて、豊富な資料を展示。

木曽三川公園センター　水と緑の館・展望タワー

木曽三川やその流域の歴史・風土や自然をわかりやすく紹介。

大垣市輪中館・輪中生活館

岐阜県大垣市の輪中について資料や模型などで展示。

岐阜県博物館

木曽三川流域をふくむ自然や、歴史・民俗などについてはばひろく紹介。

水の郷さわら

防水教育展示館では千葉県の利根川や治水、川の恵みや水運について展示。

● 監修

長谷川直子
お茶の水女子大学文教育学部人文科学科地理学コース准教授。研究のかたわら、地理学のおもしろさを伝えるべく活動中。

山本健太
國學院大學経済学部経済学科教授。地域の伝統や文化と、経済や産業の関係について研究をしている。

宇根 寛
明治大学、早稲田大学、日本大学、青山学院大学、お茶の水女子大学非常勤講師。国土地理院地理地殻活動研究センター長などをつとめたのち、現職。専門は地形。

● 編集
　籔下純子

● 装丁・デザイン・イラスト・図版
　本多翔

● 写真
　武藤奈緒美

● 執筆
　目代邦康(P.8)
　西上原三千代

● たてものイラスト
　サンズイデザイン

● 校正
　水上睦男

低い土地へ遊びにおいで！

● 監修協力
　平尾正樹(日本気象株式会社)／目代邦康(東北学院大学)

● 取材協力
　秋山笑子(千葉県立中央博物館大利根分館)／安立顕・臼井祐一・棚橋宏治(JAにしみの)／岩本拓磨(JAかとり)／大垣市教育委員会／海津市(総務部・消防本部・健康福祉部)／香取市(教育委員会・生活経済部)／久保田ひろみ(西江小学校)／国土交通省 木曽川下流河川事務所／国土交通省 利根川下流河川事務所／多田正吾／千葉県香取土木事務所／名古屋地方気象台／水谷容子(海津市歴史民俗資料館)

● 写真協力
　香取市(P.7佐原の古い町なみ・P.38下)／岐阜県博物館(P.12上2点・P.13オナガガモ・ハリヨ)／木曽川下流河川事務所(P.12下2点・P.22下・P.24)／増田正樹(P.13オナガガモ以外の鳥)／アクア・トトぎふ(P.13イタセンパラ)／海津市歴史民俗資料館(P.14下・P.15・P.30右・P.41)西江小学校(P.18総合的学習)一条工務店(P.17インタビュー)・海津市(P.25・P.27料理)・海津市漁業協同組合(P.26)／国営木曽三川公園(P.28)／林野庁中部森林管理局(P.29)／JAにしみの(P.32〜33・P.34上)・河合孝(P.30堀田鳥瞰・P.31堀田と舟)／千葉県立中央博物館大利根分館(P.36上・P.38上)／水郷佐原観光協会(P.39)／名古屋鉄道株式会社文化振興課(P.40)

● 図版協力
　千秋社(P.6〜7・37)／山本健太(P.9・P.11)／海津市歴史民俗資料館(P.10)／国土交通省木曽川下流河川事務所(P.22・P.45)／千葉県香取土木事務所(P.23)／千葉県立中央博物館大利根分館(P.43)

● 参考
　『写真集　水郷の原風景』(千葉県立大利根博物館編,千葉県立大利根博物館,1995)／『伸びゆく輪中』(海津市教育委員会編,海津市,2009)／『輪中あれこれ　質問に答える』(海津市歴史民俗資料館編,海津市歴史民俗資料館,2007)

現地取材！日本の国土と人々のくらし④

低い土地のくらし 岐阜県海津市・千葉県香取市

発行　2023年11月　第1刷

監　修　長谷川直子　山本健太　宇根 寛
発行者　千葉 均
編　集　崎山貴弘
発行所　株式会社ポプラ社
〒102-8519 東京都千代田区麹町 4-2-6
ホームページ　www.poplar.co.jp
　　　　　　kodomottolab.poplar.co.jp(こどもっとラボ)
印刷・製本　図書印刷株式会社

©POPLAR Publishing Co.,Ltd. 2023　Printed in Japan
ISBN978-4-591-17916-1 / N.D.C. 291 / 47P / 29cm

あそびをもっと、まなびをもっと。

こどもっとラボ

P7243004

現地取材！
日本の国土と人々のくらし
―― 全**8**巻 ――

① あたたかい土地のくらし 沖縄県
監修／ 長谷川直子　山本健太

② 寒い土地のくらし 北海道
監修／ 長谷川直子　山本健太　宇根 寛

③ 雪国のくらし 新潟県十日町市・秋田県横手市
監修／ 長谷川直子　山本健太

④ 低い土地のくらし 岐阜県海津市・千葉県香取市
監修／ 長谷川直子　山本健太　宇根 寛

⑤ 高い土地のくらし 群馬県嬬恋村・長野県野辺山原
監修／ 長谷川直子　山本健太　宇根 寛

⑥ 山地のくらし 長野県飯田市
監修／ 長谷川直子　山本健太　宇根 寛

⑦ 火山とシラス台地のくらし 鹿児島県桜島・笠野原
監修／ 長谷川直子　山本健太　宇根 寛

⑧ 国境のくらし 長崎県対馬市
監修／ 長谷川直子　山本健太　宇根 寛

小学校高学年以上

N.D.C.291／A4変型判／各47ページ／オールカラー
図書館用特別堅牢製本図書

日本のさまざまな地形

地形とくらし

　人工衛星から見た地球は丸いボールのようですが、わたしたち人間の目で見ると、地球の表面はなめらかではなく、海や山や谷など凹凸があります。この地形が、気候やわたしたちのくらしに大きなかかわりをもっています。

　日本の国土は、山が多く、火山も多くあります。山地は日本列島を南北に背骨のように連なり、平地は少ないのが特徴です。そのため、地域によって気候が変わり、人びとのくらしぶりにも変化をもたらせたのです。

さまざまな地形

山地	標高が高く、山が集まっている地形。山地には、山脈、高地、高原、丘陵、火山などがある。
山脈	山が連続して、細長く連なっている山地。
高地	標高が高く、高低差がそれほど大きくないところ。
高原	標高の高いところに、平らに広がっている土地。
丘陵	低地の周辺にあり、標高がそれほど高くない場所。
火山	地下のマグマが、噴きだしてできた山。

平地	地面の凹凸が少なく、平らな土地。平地には、平野、盆地、台地、低い土地がある。
平野	河川の下流にある平地で、海面より高さが低い土地もある。
盆地	周囲を山にかこまれている平らな場所。
台地	平地の中で、台のように高く平らになっている土地。

大阪平野

飛驒山脈 ▶6巻

木曽山脈 ▶6巻

中国山地

播磨平野

筑紫山地

筑紫平野

九州山地

桜島 ▶7巻

四国山地

紀伊山地

濃尾平野 ▶4巻

伊那山地

牧ノ原 ▶7巻

宮崎平野

笠野原 ▶7巻

赤石山脈 ▶6巻